Quedem divendres?

Núria Salán Ballesteros

© 2012 OmniaBooks, Omnia Publisher SL
1ª edició: Abril 2012
ISBN: 978-84-939787-7-8
DL: B-15291-2012
© Dibuix portada: Khrees Illustration&Design
© Disseny portada: Joan Rodó Amat
Imprès per Createspace

Dedicatòria

A les meves filles, Anna i Eva, que m'han regalat el rol de mare.

"No s'hi neix, sinó que s'hi esdevé dona"
(Simone de Beauvoir, 1908-1986)

"Viu de manera que no res del que facis mereixi els retrets o la condemna de qui t'envolta"
(Simone Weil, 1909-1943)

"A l'atzar agraeixo tres dons: haver nascut dona, de classe baixa i nació oprimida. I el tèrbol atzur de ser tres voltes rebel."
(M. Mercè Marçal, 1952-1998)

Agraïments

Vull donar les gràcies, molt sincerament, a totes les Maries que han volgut creuar les seves vides amb la meva, i amb això m'han nodrit i m'han fet créixer.

A totes les dones de la meva família, per haver-me ajudat a dissenyar el model de vida que, avui, tinc com a patró.

A les companyes de Can Jordana (St. Boi) per animar-me a escriure i per ser-hi sempre "a l'altra banda". A totes les companyes de feina que he tingut, a totes les feines, perquè m'han ensenyat a ser dona i a conviure amb dones.

A la meva amiga Pilar (Pi), perquè sempre està a punt per llegir el que escric.

L'autora

Índex

Pròleg	1
11 de maig de 2010	3
14 de maig de 2010	6
17 de maig de 2010	10
24 de maig de 2010	14
3 de juny de 2010	19
17 de juny de 2010	20
22 de juny de 2010	22
2 de juliol de 2010	24
5 de juliol de 2010	26
6 de juliol de 2010	27
8 de juliol de 2010	28
9 de juliol de 2010	29
16 de juliol de 2010	30
19 de juliol de 2010	31
23 de juliol de 2010	33
24 de juliol de 2010	35
25 de juliol de 2010	39
28 de juliol de 2010	42
31 de juliol de 2010	44
16 d'agost de 2010	46
29 d'agost de 2010	48
31 d'agost de 2010	49
3 de setembre de 2010	50
12 de setembre de 2010	52
13 de setembre de 2010	55
17 de setembre de 2010	57
18 de setembre de 2010	60
22 de setembre de 2010	62
24 de setembre de 2010	63

26 de setembre de 2010	66
27 de setembre de 2010	68
28 de setembre de 2010	69
1 d'octubre de 2010	72
3 d'octubre de 2010	74
13 d'octubre de 2010	75
15 d'octubre de 2010	76
16 d'octubre de 2010	77
20 d'octubre de 2010	78
24 d'octubre de 2010	79
26 d'octubre de 2010	80
26 d'octubre de 2010 (2)	81
28 d'octubre de 2010	82
30 d'octubre de 2010	83
2 de novembre de 2010	84
4 de novembre de 2010	85
7 de novembre de 2010	86
8 de novembre de 2010	87
9 de novembre de 2010	88
11 de novembre de 2010	89
14 de novembre de 2010	91
Sobre l'autora	95

Pròleg

Potser l'ésser humà no és tant diferent de la resta dels seus veïns del planeta, sobretot de la resta d'animals. Som depredadors en tots els sentits de la paraula, som dèbils quan les circumstàncies ens aclaparen i som valents quan ens sentim segurs. A més, tenim tanta necessitat vital de comunicar-nos entre nosaltres com de respirar. I aquesta és la clau de tot plegat...

La Núria Salán, controla amb excelsitud la comunicació, ho fa amb avidesa i un encant especial. No en tinc cap dubte. Però el més curiós, és que en aquest relat, - *Quedem Divendres?*- ens convida a viure i a compartir amb el personatge principal una història que sap molt bé què és això de "comunicar-se".

Els temps canvien, i nosaltres, per força i a corre-cuita també ho hem fet. Els carters, figures intermediàries de la informació i dels missatges, han estat cabdals en la història de la nostra societat, encara avui desenvolupant tasques que fan necessària la seva existència. Malgrat tot, un nou i virtual conducte de relació i comunicació entre nosaltres ha conquerit els escalafons d'una interacció, de la que sembla que mai més en podrem prescindir: *el correu electrònic*!

Imagineu-vos la safata *d'enviats* de qualsevol persona que no coneixeu..., imagineu-vos les històries i desventures que aquest sentinella electrònic va col·leccionant, i molt zelosament, sols descobreix per al seu amo o per al destinatari triat a qui envia a la velocitat de la llum... Lletres que formen paraules amb vida pròpia i frases que volen tenir la seva pròpia veu. Missatges que molt sovint s'envalenteixen més quan els escriu un teclat, que no pas quan l'emissor i receptor es troben cara a cara. Sentiments que ocupen un lloc concret i neixen quan els toca, perquè no poden regir-se per cap mena de disciplina horària.

Si a més, comptem amb la creativitat, sentit de l'humor i desimboltura de l'autora per retratar les veritats –de vegades dolces, de vegades amargues- que ens envolten, ens trobem amb el que ens trobem: una història, que jo recordaré sempre com a faula moderna, que ens atrapa des del primer moment, i ens fa ser còmplices d'una intimitat, d'una vida, i d'uns personatges que poden semblar invisibles però que ens acompanyaran tota l'estona.

El semblant d'aquest llibre que llegiu és original i atractiu, i convida a endinsar-se i prosseguir el camí que ens suggereix. Tant és així, que aquest pròleg no vol manllevar-vos més temps, i us convido a començar. Poseu-vos còmodes, esteu a punt de quedar atrapats en la teranyina de la Núria Salán, però no patiu, ella teixeix amb el cor i la intel·ligència. Commou i no fa mal, i això sols està a l'abast d'uns quants.

Bona lectura i felicitats per escollir tan bé!

Amadeu Alemany. Sant Boi, abril de 2012

Assumpte: Quedem divendres?
Data: 11 maig 2010, 20:00:25 + 0100
De: Maria <marieta@mail.com>
Per a: Joan <joanitu@mail.com>

Hola Joan!!!!

Que podrem quedar aquest divendres? He vist la cartellera i l'oferta és bona...

En Ramon no ens podrà acompanyar aquesta vegada, té una reunió de feina que no tenia prevista. Aquest home meu, pobre, cada vegada treballa més, però mira, no està la vida per dir que no a una reunió de feina, i menys per anar al cinema. Diu que, si pot, quan acabi el cinema sí que ens busca al centre comercial per sopar amb nosaltres.

La veritat, és que va molt atabalat. Fa uns horaris terribles, arriba cansat a casa, sense ganes de gaires coses. Em fa por que a la feina li estiguin fent alguna mena de "jugada" i no m'ho vulgui dir per no amoïnar-me. Ja saps que sempre ha mirat de mantenir-me lluny dels seus problemes de feina, però, noi, jo m'adono que està amoïnat. I també m'amoïno.

Perquè et facis una idea... Fa un parell de setmanes, el vaig trucar a quarts de dotze, perquè no havia tornat ni m'havia dit res, i resulta que s'havia posat un rellotge que no tenia l'hora canviada. Total, que pensava que era una hora menys del que era en realitat. Imagina't com n'és, de despistat! Quan va arribar a casa, es va trobar que tots els rellotges de casa tenien l'hora "antiga", la del seu rellotge... perquè jo l'havia canviada a tots. Per un moment, es va quedar parat, i obria i tancava la boca, mirant-se el rellotge del canell... Però la meva cara em va trair. Va abaixar el cap i va anar a canviar-se tot remugant i sacsejant el cap. Jo vaig haver de tornar a posar tots els rellotges en hora, però vaig riure una bona estona. Juas!

Però, vaja, que segurament no hi ha res per amoïnar-se, que tot això serà una situació puntual, que passarà sense més i segurament si sabés que t'estic parlant d'això, em diria que li dono massa voltes a les coses. Sempre riu de les "històries" i les preocupacions que tinc al cap.

I parlant del meu cap!!! He anat a la perruqueria i m'he deixat convèncer per tallar-me els cabells. No gaire (o això pensava jo), total uns 4 dits, amb un escalat, per canviar una mica. Quan ha vingut el Ramon, s'hi ha fixat i m'ha dit que m'està bé, però que, sisplau, no me'l talli gaire més, que li agrada tant la meva melena i tal... Noi, m'ha sabut greu i tot. La veritat, fa tant de temps que porto els cabells llargs que no sabria portar-los de cap altra manera, però de tant en tant, caic en les temptacions de disseny de la meva perruquera... En fi, com que ens veiem divendres, ja veuràs que només ha estat un "re-styling", no et pensis...

Bé, ara et toca a tu. Ja em diràs si et va bé divendres, i a quina hora t'estimes més quedar. Si em dónes a triar a mi, preferiria la sessió de quarts de vuit, que així no acabem massa tard i podem sopar tranquil·lament, i compto que cap a quarts d'onze el Ramon haurà acabat i es podrà afegir...

Quedem divendres?

Digues-me quelcom!,

Maria

Assumpte: NO T'HO CREURÀS!!!
Data: 14 maig 2010, 16:10:35 + 0100
De: Maria <marieta@mail.com>
Per a: Joan <joanitu@mail.com>

Joaaaaaaaaaaaaaaaaaaaaan!!!!
ME'N VAIG A ROMAAAAA!!!!!!!!!!!!!!
Sí, sí, sí, siiiiiiiiiiiii!!!
Ostres, ostres, ostres, encara tinc el cor accelerat... Noi, ha estat una cosa així, "pim, pam", sense pensar-hi gaire. Ni planejat, ni previst, ni res de res...

T'he trucat per dir-t'ho, però no m'has agafat el telèfon, i no puc esperar per dir-t'ho. Estic emocionada, entusiasmada, excitada... Noi, no sé, això és tot nou per a mi. I també estic espantada, no et pensis, que és la primera vegada, LA PRIMERA, que surto sola, sense el Ramon, que des que el conec, tot el que he vist de món, ha estat amb ell (i abans, com que no havia sortit mai enlloc, doncs això). I, de debò, encara no m'ho crec... Ostres, ostres...

Encara no m'ho crec... Encara no m'ho crec...

Espera, que respiro fons i t'explico...

De vegades t'he dit que a la feina hi ha un grup que, de tant en tant, busquen una ganga de viatge i se'n van un cap de setmana i afegeixen un dia laborable abans o després. Bé, tampoc no és un grup fix, que és més o menys de les mateixes persones, però de vegades hi ha algú que s'ha afegit una vegada i a les altres no... I el cas és que jo mai m'he afegit a cap d'aquestes sortides. No per res, que no és que tingui cap problema amb ningú, que no el tinc, sinó que a mi, les sortides, m'agrada fer-les amb el Ramon, i amb la gent de la feina m'està bé fer un cafè al matí, el vermut de Nadal i poca cosa més, però el temps personal sempre l'he deixat fora de la feina. El cas és que, fa uns mesos, van començar a organitzar una sortida a Roma per al cap de setmana de la Festa Major, aprofitant el dia de festa (que aquest any cau en dijous) i afegint-hi el dia de pont. Jo, ja t'ho he dit, no m'hi vaig apuntar perquè ni se'm va passar pel cap. Els he anat sentint que parlaven, del viatge, de Roma, de museus, de compres, i tal. Però res més, tal, però no t'havia dit res perquè no anava amb mi.

El cas és que hi ha una de la feina que no hi pot anar. Bé, en realitat no és que no pugui, sinó que no en té ganes, pobra, perquè ha tingut un daltabaix... Pel que sembla, fa uns dies el marit li va dir que marxava de casa, perquè ha conegut una altra dona, i tot això, i la meva companya, que n'estava molt del seu home, s'ho està passant molt malament, la pobra. Jo no la conec gaire, només de la feina, d'algun cafè i dels vermuts de Nadal, i poca cosa més, i sembla que tenia una relació molt normal. Però mira, se li ha anat en orris en un no res... Ara fa dies que no ve, per la feina, des que li ha passat això, i les companyes diuen que és perquè està molt afectada, que no vol sortir al carrer, ni veure ningú. I, naturalment, no té ganes d'anar enlloc, i menys de viatge...

I, és clar, ja tenien la seva reserva feta, i tot pagat. I una de la feina ha comentat que si sabéssim d'algú que volgués anar-hi, per aprofitar la reserva feta, avui encara es podria fer el canvi de nom i es podria aprofitar tot el pack, i almenys la companya recuperaria els diners, que tampoc no són gaires, perquè havien trobat una molt bona oportunitat, però una de les que organitzaven la sortida, deia això....

I en aquestes, que truca el Ramon, per saludar, i li he comentat el tema de la companya, del seu marit, del viatge i tal. I va i em diu que jo podia aprofitar-ho, i anar amb la gent de la feina. I jo em quedo parada, amb el telèfon a la mà, perquè ni se m'havia passat pel cap. Total, que el Ramon ha començat a dir-me que segurament tindria feina divendres fins tard, i preveu que també dissabte al matí, i que li sabia greu que jo em passés els 4 dies a casa, que no podríem anar enlloc ell i jo. I jo no deia res, perquè no sabia què dir-li. I aleshores, em diu que estaria bé que jo hi anés perquè així, puc començar a mirar una ruta per Roma, on anar, on dormir, què visitar, i que li faria tant de favor a ell si jo vaig "per davant", perquè havia pensat que hi anéssim aquest estiu, però que m'ho volia haver dit de sorpresa... Tan maaaaaaaaacooooooooooo!!!

Total, que m'ha convençut, i quan li he dit a la companya que, si els anava bé, jo podia ocupar el lloc "vacant", s'ha quedat tothom parat, no per res, sinó perquè no havia anat mai amb ells, però, mira, m'ho han arreglat avui mateix i he tornat a casa amb la reserva a la bossa... I EN 10 DIES ME'N VAIG A ROMAAAAAAAAAAAAAAAAAA!!!!

Quedem divendres?

Buf, estic nerviosíssima, ja t'ho he dit, oi? No sé per on començar, estic esperant que vingui el Ramon per ensenyar-li la reserva, i els papers que m'han donat a la feina, i tot... I he baixat la maleta, i he començat a mirar què posar-hi i què no, que NOMÉS TINC 10 DIES!!!

Bé, per demà hem quedat, oi? Doncs ja t'explicaré, i et donaré detalls del viatge, d'on volen anar, on dormirem i tot això...

Aaaaaaaaaaaaaaarrrghhhh!!!!! Estic dels nerviiiiiiis!!!!

Joan, et deixo, que vull començar a mirar si tinc tot el que necessito. No vull sorpreses de darrera hora, ni presses ni carreres, ni ensurts, ni res de res!!!

Penso que m'he repetit, però passo de mirar i esborrar-ho... Ja ho esborraràs tu (juas!)

Ai, quins nervis!!!

Fins demà!

Maria

Assumpte: Em vaig deixar el mocador al teu cotxe?
Data: 17 maig 2010, 18:15:30 + 0100
De: Maria <marieta@mail.com>
Per a: Joan <joanitu@mail.com>

Hola Joan!

Que has trobat un mocador de coll al teu cotxe? És que no trobo el que portava divendres. Vaja, juraria que el portava... És un "foulard" estampat, amb una etiqueta molt llampant (no l'he treta justament per llampant), i me'l va regalar el Ramon per al nostre aniversari, l'octubre passat... Segurament va quedar al seient de darrera, perquè vaig deixar la bossa allà quan vas portar-me a casa... I juraria que el portava, perquè tinc la imatge d'haver-lo vist al cotxe...

Però com que he remenat toooooooooooooota la roba per fer-me la maleta per al viatge, potser estic mal fixada, i potser no el portava divendres i et faré que miris el cotxe... Noi, estic fatal... No li he dit al Ramon que no el trobo, que no vull disgustar-lo. Total, segurament sortirà, al teu cotxe o a qualsevol racó...

Compto que ho mires i em dius alguna cosa.

Escolta, que el Ramon em demana que et digui gràcies per portar-me a casa, i que gràcies per acompanyar-me al cinema i a sopar (quan el vegis, digues-li que t'ho he dit, que vegi que sóc complidora).

Pobre, va arribar passades les 12. Gairebé no va sopar res, perquè van demanar sushi (amb el fàstic que li fa el peix cru, pobre), i venia rebentat. Vaig començar a explicar-li la pel·lícula que havíem vist, però se li tancaven els ulls i vaig deixar-ho estar... L'endemà em va dir que li va saber molt greu perdre's la pel·lícula. I el sopar amb tu també, és clar...

Aquesta feina acabarà amb ell. Però mira, com diu ell, "amb aquests bous hem de llaurar", per tant, si ara toca això, no és moment per ser primmirat amb la feina...

De fet, pel que m'ha explicat, no crec que pugui comptar amb ell durant unes setmanes, que les tardes-vespres dels divendres les tindrà molt complicades, que ja saps que abans de l'estiu tothom vol deixar les coses tancades i ells funcionen per programació setmanal, de manera que ha d'assegurar-se que divendres tot queda fet.

Vaja, que el que semblava que havia de ser un cap de setmana puntual de feina extra, que coincidia amb la Festa Major i amb el meu viatge a Roma, no serà tan extraordinari... Però només ara, no per sempre, m'ha dit... Justament ara, que ens esperen uns quants caps de setmana complicats, de trobades familiars i amb una comunió, de la nena del seu nebot. Pobre Ramon, tan malament que porta aquestes coses, ja saps que no li han agradat mai les celebracions familiars, ni amb massa gent, si a sobre està atabalat per la feina, i poc descansat, puc imaginar-me les poques ganes que tindrà...

I la veritat, suposo que tots canviem amb els anys, però aquest home meu, en els darrers anys, s'ha anat fent més "íntim", que dic jo, i com que té el grupet de la feina, els que juguen a squash cada setmana i tal, ha anat perdent les ganes de trobar-se amb els cosins. I encara menys amb els nebots, que la canalla l'atabala i acaba amb mal de cap.

I mira, ara que ha sortit el tema del grupet de l'squash, com que cada vegada són més colla, i fan "lliga", li toca més sovint fer "banquillo", i hi ha dies que torna la bossa que ni ha suat la samarreta. Però com és tan complidor, pobre, ell no falla mai. Hi ha dies que penso que li prenen el número, perquè paguen les pistes entre tots, tant si juguen com si no, i no són barates precisament, aquelles on van ells, i com que saben que ell sempre hi va, suposo que ja compten amb un que paga segur.

Ell diu que gairebé sempre juga, però jo sospito que no és així, perquè veig la roba al cove i moltes vegades la posa que no sembla ni que l'hagi desplegat. Pots comptar el que haurà jugat!!. Un dia vaig estar a punt de dir-li que no la tragués de la bossa si no estava bruta, però no ho vaig fer perquè me'l vaig mirar mentre anava traient coses, i em va semblar veure'l trist, i vaig pensar que si li deia res, potser es quedaria més "tocat", no vaig voler que veiés que me n'adono de que li prenen el pèl...I noi, què vols que et digui, si a ell li està bé així...

Bé, sigui com sigui, que seguim en contacte i, amb el Ramon o sense ell, quedem igual. Tot i que ja serà quan jo torni de Roma, però si pot ser abans del teu sant, millor, i t'explico com m'ha anat...

I d'això del viatge, ja tinc la maleta pràcticament feta (NOMÉS he trigat 5 dies en fer selecció de coses, jejeje).

Quedem divendres?

Noi, sembla que me'n vagi de colònies, i no pas de cap de setmana llarg... Vols que et digui una cosa? Tinc el cor molt dividit... Una part meva està molt emocionada pel viatge i tot això, i l'altra té un terrible sentiment de culpa... Jo me'n vaig i deixo aquí al Ramon, pobre, tot sol, amb la feina. Ja sé que tindrà molta feina i no estarà gaire per casa aquells dies, però em sap greu que quan torni no hi hagi ningú, que hagi de dormir sol...

Mira, millor no hi penso, que si no encara em faré enrere en el darrer moment... I la part meva que vol anar de viatge és molt insistent!!!

Vinga! Ja et trucaré o t'escric en uns dies!!

I digues-me si has trobat el mocador!!! Que m'enrotllo amb les meves coses i quasi em descuido de perquè t'estava escrivint...

I ME'N VAIG EN 4 DIES A ROMAAAAAAAAAAAA!!!!!

Ai, ai, ai, que m'estic fent gran (jejeje).

Cuida't.

Maria

Assumpte: ROMA ETERNA!!!!!
Data: 24 maig 2010, 19:24:22 + 0100
De: Maria <marieta@mail.com>
Per a: Joan <joanitu@mail.com>

Joaaaaaaaaaaaaan!!!!

Que ja he tornat de Romaaaaaaa!!! Que ens hem de veure, que t'he portat una coseeetaaaaaaaaa!!! I de pas, t'hauràs d'empassar les fotos que he fet (je, je, je).

No sé per on començar!!! Ha estat tot prou bé, la veritat. La gent de la feina, molt amable i organitzada, feien propostes i es votaven entre tots. I sortís l'opció que sortís, tothom ho acceptava de bon grat... La veritat és que són un grup força agradable per sortir així. No m'ho hagués imaginat mai...

I l'hotel, molt ben triat, francament... Al final, la gent de l'hotel van demanar si podíem canviar dues habitacions dobles per una triple (doble amb llit supletori) i una individual, perquè havien tingut alguna cosa de darrera hora (la veritat és que no ho entenia tot, perquè entre que aquell home italià cridava com un boig, gesticulava i movia les mans com un molí de vent, i feia uns escarafalls com si l'haguessin de fuetejar, el motiu del canvi no em va quedar massa clar, però el que si va quedar clar és que li calia. Així que em van oferir si jo volia quedar-me la individual, com que era la primera vegada que hi anava, per si volia més intimitat i tal... I escolta, ho he agraït molt, perquè realment m'apurava una mica compartir habitació amb segons qui... Bé, que he estat com una reina.

Ens hem desplaçat en transport públic i ha estat una mica una bogeria, però hi havia un parell de persones que semblava que havien estat allà tota la vida i ens sabien indicar on pujar, on baixar, on calia canviar. Ja et dic, molt bé, molt bé.

Ja t'explicaré on hem estat quan t'ensenyi les fotos, que ja saps que a mi m'agrada imprimir-les, i les posaré en un àlbum i te les ensenyo el proper divendres que anirem al cinema, que ja em diràs quan quedem i què vols veure. I estic pensant que, si et sembla bé, potser algun dia li ho podria dir a algú de la feina, si s'hi vol apuntar, per anar al cinema. Però només si et ve de gust, i no dic sempre, només alguna vegada. I és que tothom ha estat tan amable que tinc la sensació d'estar en deute amb ells.

Fins i tot quan vaig tenir un moment d'aquells que sembla que els han tret d'una pel·lícula d'Almodóvar, noi, amb un vigilant d'un museu, que no sé què li va agafar... Ai, mira, em fa vergonya i tot explicar-t'ho... Però potser millor t'ho explico aquí, que si t'ho he de dir i veig com rius, em moriré de la vergonya...

Resulta que vam anar a veure el museu Borghese, que està al mig de Roma, a una vil·la, molt maco, i ja ens veus a tots mirant les obres d'art i les estàtues. Arribem davant d'una estàtua de Bernini, i com que el dia abans havíem vist la de l'Èxtasi de Santa Teresa, que està tota desmaiada com si se li hagués declarat el George Clooney, i jo, que no sé què em passa pel cap en aquell

15

moment, perquè MAI he fet coses d'aquestes, vaig i em poso com l'estàtua aquella... Vaja, que tiro el cap enrere, em poso la mà al pit, faig cara de perdre "l'oremus" i deixo anar un sospir... Però que no em passava res, que només volia fer una broma...

I aleshores, el vigilant del museu, que es pensa que m'ha agafat un mareig. Tot passa en un segon: va i aparta la gent, m'agafa i comença a cridar "Non si preoccupi!!! Mi occuperò io della signora!!!", i jo que intento posar-me dreta i que m'he quedat tan parada que no em surt ni una paraula de la boca, ni una!!! Volia dir-li que no em passava res, però aquell home que m'ha apressat, amb les seves mans com grapes (i creu-me que penso que en tenia moltes més de dues, perquè les notava com em repassaven per tot arreu), jo que intento posar-me dreta i acabem tots dos perdent l'equilibri i, apa!! Tots dos per terra!! Bé, jo per terra i el vigilant per sobre meu, que no sé quina mena de maniobra de primers auxilis és aquesta... Jo, intentant treure-me'l del damunt, començo a fer patades a l'aire i em poso a cridar, perquè les mans no les podia moure, i l'home pensant que tenia un atac, encara m'agafava més fort.

Pots imaginar-te????

I, a tot això, la gent de la feina, com que mai he fet una broma, es queden tots amb cara de no saber què està passant, fins que algú reacciona i em treu els tentacles d'aquell paio del damunt... Jo pensava que no sortiria mai més d'allà, Joan... Quin moment més terrible...

I quan em desfaig del vigilant, tot el grup fèiem una fila que no vegis. Jo, amb ganes de plorar, i la gent aguantant-se el riure. En aquell moment, hagués tornat cap a casa, t'ho dic de debò... Però una companya, amb un somriure que no podia amagar, em va acompanyar al lavabo i em va deixar que m'estigués sola una estona. Mira... Quan vaig tornar amb la gent, tothom reia obertament del "numeret", i jo mateixa, mirant-ho des de fora vaig dir-me que segurament havia estat un espectacle força còmic...

I quan li he explicat al Ramon, al començament he pensat que s'havia enfadat, perquè s'ha quedat tot seriós i em deia que això que m'havia passat ho tinc merescut, que sóc una temptació per als vigilants dels museus, que pobre home, aquell vigilant, encara tindrà problemes per conservar la feina... I a mi m'agafa que no sé quina cara posar, i aleshores, ell comença a riure i a dir-me que li sabia tant de greu haver-s'ho perdut... I m'ha dit que, quan anirem a Roma aquest estiu, hem de tornar a aquell museu, a veure si encara hi és el vigilant, i a fer el numeret una altra vegada, a veure què passa. Què n'és de bromista, el Ramon... Però miraré de convèncer-lo per no tornar a aquell museu. Ni parlar-ne...

Ara bé, a banda d'aquest "incident", la resta ha estat molt bé, molt bé, molt bé. T'he dit que m'ha estat molt bé? Je, je, je...

I quan he tornat a casa, el Ramon, pobre, m'ha dit que gairebé va estar fora tot el cap de setmana, que divendres va arribar tan tard, i dissabte igual. I diumenge al matí va dormir fins molt tard, per això no m'agafava el telèfon al matí... Imagina't si s'ha quedat descansat i desconnectat, que quan hem arribat a l'aeroport, l'he hagut d'esperar una bona estona. Ja havia marxat tothom, i algú m'havia ofert de portar-me a casa, però jo, ho he agraït molt, però havia d'esperar al Ramon... Pobre, se n'ha descuidat i ha arribat gairebé una hora tard, però m'ha agradat que vingués a buscar-me, la veritat...

Ara, quan imprimiré les fotos, podré dir-li el pla que he pensat per a aquestes vacances... Roma és una ciutat fantàstica, i si puc anar-hi amb el Ramon, encara ho serà més. El que sí que miraré és un hotel una mica més cèntric, que el que teníem ara, era totalment perifèric, tot i que la informació deia que era "cèntric"... Quina barra tenen aquests italians!!!

En fi, que ara ja sóc a casa, i en un parell de dies ja hauré rentat toooooota la roba que tinc pendent (només 4 dies tu, i sembla que s'hagi acabat el món...), i quan ho tindré tot col·locat de nou, ja podré reprendre la meva vida.

I divendres, estarem disponibles si vols que quedem. On diguis: cinema, teatre o musical. Tria tu. I amb nosaltres, compta amb tots dos, que ja miraré de "camelar-me" el Ramon perquè vingui, encara que arribi just. Que si no, només tindrà feina i feina i no pot ser.

Espero que em diguis alguna cosa.

Maria

Assumpte: Canvi de plans...
Data: 3 juny 2010, 19:14:15 + 0100
De: Maria <marieta@mail.com>
Per a: Joan <joanitu@mail.com>

Hola Joan!!

Suposo que ja havies agafat les entrades per demà. Em sap greu canviar-te els plans, però nosaltres no vindrem.

Digues-me, sisplau, quant han costat les nostres, que t'ho pago i les aprofites amb qui vulguis... Mira, em deies que volies dir-li a la teva germana i al seu marit... Els convides a anar amb tu i quedes com un rei... Però les pago jo, que quedi clar, eh?

No passa res, però ahir el Ramon es va trobar malament i no fa gaire bona cara avui, de manera que demà miraré que es quedi a casa a la tarda, a veure si el convenço que no vagi a treballar, i farem una vetllada tranquil·la, que penso que la necessita molt.

Només volia dir-te això, i et deixo que tinc feina a la cuina, que li vull preparar mare de lluç per sopar, i vull preparar-la bé, sense espines, que si no, no se'l menja, el peix... Noi, que som delicats!

Però no em queixo, pobret, que avui no es troba bé...

Parlem!!

Maria

Assumpte: No podrem quedar...
Data: 17 juny 2010, 16:54:18 + 0100
De: Maria <marieta@mail.com>
Per a: Joan <joanitu@mail.com>

Hola Joan!!

Em sembla que tampoc no podrem quedar aquesta setmana... El Ramon encara no està fi, diu que no és res, que és cansament, però, noi, jo li veig "cara de pitu", ja fa dies, i no voldria deixar-lo sol a casa i menys per anar-me'n al cinema...

M'ha insistit, m'ha dit que me'n vagi amb tu, però m'estimo més quedar-me. I mira que em sap greu, perquè he tafanejat una mica sobre la peli que em vas comentar i em venia molt de gust veure-la...

T'he trucat per comentar-t'ho de viva veu, però no t'he trobat. I ja sé que t'ho puc dir així, però tenia ganes de parlar amb tu i dir-te que estic una mica amoïnada pel Ramon. Ja el coneixes, i saps que sempre ha estat reservat, però darrerament està molt pansit. I com que és tan aprensiu, no goso dir-li res... En fi, que segurament n'estic fent un gra massa.

Ara resulta que tenen feina divendres a la tarda sí o sí. Fins ara era allò que, si tocava, es quedaven, però si quedava tot enllestit, la tarda de divendres sempre l'han tingut lliure. Però ara noi, com que el seu Cap és suec i és solter, diu el Ramon que no té res més a fer que treballar i ha posat la reunió setmanal divendres a la tarda. Pots imaginar-t'ho? Però diu el Ramon que això ho aguantarà ara, aquestes setmanes, però que desprès de vacances, si això segueix així, que posarà les coses clares a qui calgui...

I quan li sento dir això, em fa por que no tingui un problema a la feina... Que les coses no estan per discutir-se amb ningú i menys amb el Cap... En fi, que a veure si se li passa una mica...

Mira, estic per buscar-li un "apanyo" al Cap del Ramon, a veure si lliga i canvia el seu horari. I de pas, que canviïn els horaris del Ramon... Tu no tenies també una companya "disponible"? Mira que et demano que la convidis al cinema la propera vegada, i li dic al Ramon que porti el seu Cap i ens n'anem els 5 al cinema a veure què passa... Jejeje...

I a més, darrerament, el seu telèfon no para, noi... Per sort, quan arriba a casa el posa en silenci, però tot i així, estem sopant i se sent el brunzit de l'alarma, "bzzzzzz, bzzzzz..." I el cap de setmana, no t'imagines... La veritat, pobre Ramon, és que no m'estranya que tingui fatiga i neguits, perquè això no és vida...

Bé, parlem la setmana propera, a veure si el meu home s'espavila una mica i podem quedar.

D'acord?

Una abraçadaaaaaaaaaaa!!!

Maria

Assumpte: Aquesta setmana tampoc...
Data: 22 juny 2010, 09:34:15 + 0100
De: Maria <marieta@mail.com>
Per a: Joan <joanitu@mail.com>

Hola Joan!!!!

Per si de cas no et trobo d'aquí dos dies, t'envio les felicitacions ara...

FELICITATS!!! Que tinguis una mooooooolt bona revetlla i una millor diada!!!

Vés amb compte amb la coca i el cava i vigila amb els petards, no tinguéssim una desgràcia...

Nosaltres passarem la revetlla a casa. Bé, jo tota la nit i el Ramon una part, que li toca treballar fins tard el dia 23. I no té pont, t'ho pots creure? Ha de tornar a la feina divendres i dissabte al matí. Mira, encara que li han donat el dia 24, que si no, ja seria per denunciar-los...

Com que no podrem anar enlloc, aprofitaré per fer els armaris, que fa molt de temps que ho tinc pendent, però com que les darreres setmanes he anat de corcoll, amb el coi de viatge i tal, encara tinc molta cosa per recollir, endreçar i fer paquets.

Sembla mentida com s'acumulen les coses amb els anys, noi...

I no et dic de veure'ns perquè ja em conec que quan em poso "en modo maruja", m'engresco i acabo que no tinc prou hores al dia...

Una cosa... Recordes la piga de l'espatlla? Crec que va ser la darrera vegada que ens vam veure (o potser l'altra, però vaja, fa relativament poc), que vaig comentar-te que la piga de l'espatlla semblava que s'estava fent gran? Bé, ja tinc hora pel dermatòleg, que m'ho mirin, per a la primera setmana de juliol.

Noi, serà que ara, com que el Ramon no es troba fi, tinc més por del normal a posar-me malalta... T'imagines? Tots dos malalts alhora? Ens moriríem!!! Jo tinc clar que el cuido, al Ramon, i quan està malalt m'encarrego de buscar-li el peix que li agrada, fer-li la sopeta que li ve de gust, li dono els medicaments... Vaja, el normal.

Ai, però quan jo sóc la que no es troba bé, pobre Ramon, no troba res, no sap on hi ha res, com si no visqués aquí! I total, mira que no he estat malalta gaires vegades, i sóc de bon conformar, però quan li he comentat que tenia la piga i tal, m'ha insistit que agafés hora ja mateix.... I m'ho diu ell, que fa dies que sembla una ànima en pena... Però diu que no és el mateix, que m'he de cuidar, que si sóc el pal de paller de casa i tal... Mira que n'és de bo...

I ja està, li he fet cas i ja tinc hora. Ara, a veure si ell pot agafar-se el dia per acompanyar-me, que sola no vull anar-hi...

Ara et deixo, que tinc una pila de coses per fer. Sembla mentida, noi, a casa fas coses i sembla que es desfacin soles...

Parlem!!!

Maria

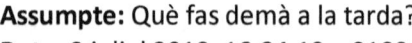

Assumpte: Què fas demà a la tarda?
Data: 2 juliol 2010, 16:04:10 + 0100
De: Maria <marieta@mail.com>
Per a: Joan <joanitu@mail.com>

Hola Joan!!

Què fas demà a la tarda? Tinc la visita al dermatòleg programada i ara el Ramon m'acaba de dir que no pot acompanyar-me... Quin inconvenient!! Volia demanar-te si pots venir amb mi. Ja saps que sóc molt poruga i no m'agrada gens, GENS, anar sola al metge... Si no pots, no passa res, que puc trucar un taxi, darrerament sembla que tingui un abonament, perquè els he hagut de trucar més vegades del que m'hagués agradat. La veritat és que és una sort que el Ramon sigui amic del de l'empresa de taxis perquè així sempre en tinc un a punt, i em porten, m'esperen i em tornen a casa. Com una reina!!

Mira, fa un temps vaig plantejar-me si m'hauria de treure el carnet de conduir, però la veritat, com que sempre m'ha portat el Ramon, i al poble vaig amunt i avall a peu, compro al costat de casa i tal, per alguuuuuuuuuuuna vegada que he d'anar a algun lloc sola, no valia la pena. El Ramon em va fer quatre números i em sortia més a compte pagar els taxis, si fos el cas, que tenir el cotxe i tal. I no hauria de patir per l'aparcament. I, què vols que et digui, que té raó...

Tot això per demanar-te si pots acompanyar-me. Digues-me quelcom al més aviat possible, sisplau.

Gràcies!

M.

Assumpte: Ramon ingressat
Data: 5 juliol 2010, 09:39:15 + 0100
De: Maria <marieta@mail.com>
Per a: Joan <joanitu@mail.com>

Joan,

El Ramon està ingressat. Dissabte, tal com va tornar de la feina, ni va dinar i es va estirar. Al vespre va començar a dir que s'ofegava i, encara que no volia, vaig trucar una ambulància.

Sembla que podria haver estat un petit infart, però amb això no es fa broma i se l'han quedat ingressat.

He vingut una estona a buscar roba i me'n torno a l'hospital.

Ja et trucaré, quan pugui, que allà tinc el mòbil desconnectat.

Maria

Assumpte: Tot correcte
Data: 6 juliol 2010, 10:05:22 + 0100
De: Maria <marieta@mail.com>
Per a: Joan <joanitu@mail.com>

Joan,

T'escric una mica més tranquil·la... Sembla que, tal i com havien dit, ha estat un infart, mol lleu, però tot està controlat.

Si no hi ha novetats, abans del cap de setmana ens enviaran cap a casa.

Perdona que no et truqui, aprofito aquesta estona que he vingut a casa, a portar la roba bruta i a apagar el mòbil del Ramon, que, pobre, està amoïnat perquè diu que em destorbarà si sona constantment...

He mirat a veure si me'n sortia, perquè és d'aquests tots tàctils i penso que l'he deixat en silenci, però que no l'he apagat... Ja ho provaré després.

Ara me'n torno a l'hospital, et mantindré informat.

Maria

Assumpte: Tot correcte
Data: 8 juliol 2010, 14:45:17 + 0100
De: Maria <marieta@mail.com>
Per a: Joan <joanitu@mail.com>

Joan,

M'he quedat sense bateria. Tots aquests dies m'he descuidat de carregar el meu telèfon i, justament quan has trucat aquest matí, m'he quedat sense. Em sap greu...

He vingut un moment a buscar el carregador i a agafar-li alguna cosa per llegir.

Els metges diuen que el Ramon està millor i que tot va segons el previst. Pobre, s'ha quedat com un ocellet, tots aquests dies allà, menja molt poc i gairebé no descansa.

En unes hores et truco, quan hagi passat el metge, a veure si puc dir-te que tornem a casa...

Fins després,

Maria

SMS
Data: 9 juliol 2010, 12:13
De: Maria <629XXXXXX>
Per a: Joan <639XXXXXX>

EN RAMON ÉS MORT. SISPLAU VINE HOSPITAL.

M.

Assumpte:
Data: 16 juliol 2010, 05:23:18 + 0100
De: Maria <marieta@mail.com>
Per a: Joan <joanitu@mail.com>

Fa una setmana que no hi ha el Ramon

No sé què fer

No sé què faig

No puc dormir, però vull dormir, i despertar i que tot això sigui un malson

No pot ser, no pot ser, no pot ser

Joan, ja no puc plorar més, i és de l'única cosa que en tinc ganes

Ramon, on ets?

Ramon, Ramon, Ramon

Que això s'acabi ja, i que el Ramon torni, sisplau, sisplau, sisplau

Quedem divendres?

Assumpte:
Data: 19 juliol 2010, 03:58:43 + 0100
De: Maria <marieta@mail.com>
Per a: Joan <joanitu@mail.com>

Joan,

Amb molt poques hores de son al cos, amb les llàgrimes que no em puc treure dels ulls, amb una estranya barreja de tristesa, impotència i incredulitat que no m'ha abandonat des de fa 10 dies, que em sembla que és una eternitat, amb constants anades i tornades al telèfon, perquè espero que en algun moment em trucarà algú, o em trucarà el Ramon i despertaré.

Agraeixo infinitament la teva atenció.

Agraeixo infinitament que m'hagis acompanyat mentre incineraven el Ramon.

Agraeixo infinitament que m'hagis acompanyat a casa amb les seves cendres.

És tot el que em queda d'ell.

Les he posat a la tauleta de nit i m'adormo tocant el pot. No tinc res més.

M'has trucat moltes vegades i només t'he agafat la trucada en algunes ocasions. I no voldria ser descortesa amb tu, però em costa molt parlar amb ningú. Fins i tot amb tu.

Ja sé que puc comptar amb tu. Ho he sabut sempre. Però no em veig amb forces per parlar amb tu.

31

Confio en que ho entenguis i em disculpis.

Perdona'm perquè potser escric atropelladament, però les llàgrimes em vénen als ulls quan hi penso, quan respiro.

No trobo paraules per escriure tot el que sento, ompliria pantalles senceres amb "NO POT SER, NO POT SER, NO POT SER, NO POT SER", però em temo que això no canviaria res.

Aquests dies han estat diferents, a la meva vida hi ha coses que mai, MAI, no tornaran a ser iguals. Mai no res no tornarà a ser igual.

Què faré amb la meva vida?

Què faré sense el Ramon?

Em fa mal escriure el seu nom, però és el que em ve al cap i a la boca constantment.

El seu nom

Suposo que, de manera inevitable, hauré d'aprendre a viure amb aquesta opressió dins el pit, amb aquest pes que m'ofega, amb el que tinc ara i que no vull.

No sé si podré. No sé si voldré. No sé res.

Acabo de mirar el telèfon per si el Ramon hagués trucat

I no pot trucar-me, oi? Però jo vull que em truqui

No sé què vull. Però no vull això que tinc ara. Això no.

M.

Quedem divendres?

Assumpte:
Data: 23 juliol 2010, 19:18:02 + 0100
De: Maria <marieta@mail.com>
Per a: Joan <joanitu@mail.com>

Avui m'han vingut a veure unes companyes de la feina. Han estat molt amables.

S'han ofert a fer-me els papers per no haver de tornar a la feina de moment, i ho he acceptat.

No podria suportar tothom mirant-me o preguntant.

Encara no.

No deixo de pensar en el que ha passat. Encara no ho entenc. Tot estava bé, tot controlat, estàvem a punt de tornar cap a casa.

He vist els papers que em van donar. Els he hagut de mirar per donar-los a les companyes de feina.

Ictus. No havia parat atenció a aquesta paraula mai, fins ara.

Tinc records barrejats dels darrers dies.

La part més dura va ser signar els documents del banc d'òrgans. Ara, algú tindrà els seus ulls i potser el seu cor i no sé quines altres parts. M'han dit que no sabré mai qui ho té, però que em sentís feliç de saber que algú, gràcies al Ramon, pot tenir una vida més digna.

És injust que algú necessiti d'un altre per viure. És injust que jo no tingui al Ramon. Jo el necessito per viure

M'han dit les de la feina que hauria de buscar alguna cosa positiva en tot això. No sé què se'ls ha passat pel cap.

Això no té RES de positiu. RES

Estic molt sola. No vull estar sola. Mai he volgut.

Sempre més estaré sola, tan sola.

M.

Quedem divendres?

Assumpte:
Data: 24 juliol 2010, 06:23:02 + 0100
De: Maria <marieta@mail.com>
Per a: Joan <joanitu@mail.com>

Avui m'he despertat amb la necessitat d'escriure't.

Porto dies i dies donant-hi voltes. No puc fer una altra cosa.

No em trec del cap els darrers dies. Però, alhora, em vénen al cap les imatges de la meva vida. De la meva vida amb el Ramon.

No vaig conèixer el meu pare i suposo que per això no l'he trobat a faltar mai. I l'única germana que tinc, va marxar de casa molt jove, quan jo tenia 10 anys, i sempre vaig estar com si fos filla única, amb la mama.

Vaig tenir una infantesa normal i una joventut també molt normal. La mama i jo.

Quan vaig conèixer el Ramon, la mama es va posar molt contenta. Li va agradar tant, des del primer dia...

I estàvem a punt de casar-nos, quan la mama ens va dir que estava malalta. Ella no va voler que canviéssim res de res. Tot s'havia de fer tal i com havíem previst nosaltres.

I el Ramon va ser tan delicat, va deixar-me canviar el que vaig voler, que el dia fos impecable, tot i amb la mama malalta.

Era tan meravellós... I em feia sentir tan estimada i tan bé...

Quan la mama va morir, el Ramon em va ajudar tant, em va fer tanta companyia, em va donar tant de suport que sabia que no estava sola.

La meva germana, que no havia aparegut pràcticament durant els anys de malaltia de la mama, ni tant sols quan estava malalta, ens va dir, després de l'enterrament de la mama, que s'instal·lava a la casa. I va tenir sort del Ramon, que em va convèncer, perquè en aquell moment, jo l'hagués fet fora si hagués pogut... Bé, vam tenir sort totes dues, perquè ell va fer de pont perquè ens retrobéssim.

Va ser el Ramon qui va buscar la manera que poguéssim seure i parléssim. Havíem estat sempre separades i érem dues desconegudes. Germanes, però no ens coneixíem en absolut.

Em ve al cap la seva història, el seu desencontre amb la mama, eren molt diferents i ella, ma germana, era un esperit lliure. Es va deixar enganyar per les llums i els colors de l'espectacle. Vaig saber aleshores que era "vedette". En aquells moments, jo no sabia què feien les "vedettes" però no m'imaginava que la vida fos tan trista com la que em va explicar ella.

Una discussió entre una mare "convencional" amb la seva filla, jove amb massa energia, amb massa orgull, va acabar amb la separació de totes dues. I la mama també tenia orgull. Va esperar que tornés dient que s'havia equivocat. L'havia deixat equivocar-se. I ma germana no va tornar per no dir que la mama tenia raó. I va viure molt sola tots aquells anys.

A mi, la mama, gairebé mai no em parlava de ma germana. Només pel seu sant i el seu aniversari, que deia "avui és el sant de ta germana". Mai va dir "de la meva filla".

Es va quedar a la casa de la mama i em va dir que no patís, que no s'hi estaria per sempre.

I al final es va quedar per sempre, però "sempre" va ser poc menys de dos anys. Suposo que era això el que va voler dir-me.

Quan va morir ma germana no vaig sentir el mateix que quan va morir la mama. Em va saber greu i em va fer llàstima per la vida que ens havíem perdut totes dues, però jo tenia al Ramon i em sentia prou confortada i reconfortada. Ella va ser la que va morir sola, i això, és el que més pena em feia. I el Ramon em va ajudar tant a arreglar-ho tot. Papers, diners, tombes, testaments, legítimes... Si no hagués estat per ell, no sé què hauria fet, jo sola, perdent-ho tot en dos anys.

I mai vaig sentir-me sola, perquè el tenia a ell. I ara... Ara sí que estic sola. Sola del tot. I ara trobo a faltar la mama i a ma germana. Pràcticament no les havia trobat a faltar mai en aquests anys, però ara sí.

I tenia necessitat d'explicar-te tot això. Però no per telèfon, ni parlant. No hauria pogut.

Llegeixo el que t'he escrit i veig que he resumit la meva vida. Mira que tenia poca cosa per omplir la meva història. I ara, encara tinc menys...

Això és el que volia explicar-te.

Maria

Assumpte:
Data: 25 juliol 2010, 06:23:02 + 0100
De: Maria <marieta@mail.com>
Per a: Joan <joanitu@mail.com>

Ahir vaig enviar-te un mail molt llarg. Tenia molta necessitat de buidar el pap.

I m'agradaria poder fer-ho més, però només tinc un tema: el Ramon.

I no vull avorrir-te, perquè aleshores, no tindré a qui escriure.

Avui només t'escric per dir-te que estic tranquil·la.

He estat veient fotos. Tot el dia. Tinc tants records de felicitat...

Algunes, les dels primers anys, estan perdent el color, però quan les miro em ve al cap el moment en què les vam fer, i si tanco els ulls, recordo les veus i les olors.

Les darreres les he mirat a la pantalla, que encara no havia tingut ocasió de portar-les a imprimir. I ara no ho faré, perquè ja no tinc ningú per compartir-les...

He estat hores passant els dits per les primeres fotos que tinc amb el Ramon, a la Colònia Güell. Ara feia temps que no hi anàvem, i ell deia que a l'octubre, pel nostre aniversari, hi aniríem.

Ara ja no aniré. Sola no hi vull anar, allà, per tant, no hi aniré.

I he estat mirant les fotos del nostre casament, i he vist com ens mirava la mama. Contenta però amb una tristor als ulls que no es podia treure. I ara, quan em miro al mirall, em veig com ella... Trista.

I he estat mirant les fotos del darrer any de ma germana, abans que digués que ja no volia cap més foto perquè se li notava molt la malaltia.

I en aquestes fotos, el Ramon gairebé no surt mai, perquè ell les hi feia.

I ara em sap greu no haver-li fet més fotos...

He mirat fotos, he plorat, m'he eixugat les llàgrimes i he tornat a mirar fotos. I he tornat a plorar.

Ara ja no vull mirar més fotos.

Suposo que ara toca començar per la música. Tinc tant per triar, tantes cançons i melodies que me'l recorden. Tants moments amb "la nostra cançó"...

I em ve al cap aquell setembre del 79, quan el vaig conèixer... I no he escrit mai res d'això, i no sé si podré...

Ho intento...

Ell havia anat a una manifestació d'estudiants amb uns amics. No era cap exaltat polític, però en aquells moments, va pensar que ho havia de fer. I es va amagar de la policia al portal de casa.

Jo vaig voler sortir per veure què passava i, quan vaig obrir la porta, es va colar a casa nostra.

Recordo que, el primer que va treure va ser el seu carnet, "perquè veiéssim el seu nom, i que era bona gent". I jo li vaig preguntar si això de "bona gent" estava escrit abans o després de la "professió".

I es va quedar mirant el carnet com si volgués mirar on era, si abans o després.

Vaig riure tant de la seva innocència en aquell moment de nervis, que el vam deixar que es quedés.

Quan va marxar, unes hores després, ja li havia demanat permís a la mama per trucar-me i per convidar-me al cinema.

Mai més va tornar a cap altra manifestació.

I així el vaig conèixer, sense sortir de casa. Aquella tarda d'octubre, em va venir a buscar la fortuna. I un any més tard, també a l'octubre, ens vam casar.

I aquest octubre no podrem celebrar el nostre aniversari, no podrem anar a la Colònia Güell, ni enlloc.

El destí, que me'l va portar, ara ha vingut per prendre-me'l...

No puc escriure més. Avui no...

Maria

Assumpte:
Data: 28 juliol 2010, 10:13:32 + 0100
De: Maria <marieta@mail.com>
Per a: Joan <joanitu@mail.com>

Mirant fotos i records, n'he trobat una de quan et vam conèixer.

La veritat és que no hi havia tornat a pensar. Quant temps fa que ens coneixem?, com ens vam conèixer?...

He vist les fotos de les noces d'argent, que el Ramon va voler que festegéssim a la mateixa capella on ens havíem casat 25 anys abans. I allà sorties tu, amb la teva "pajarita" i el teclat.

Aquella vegada, per a la cerimònia, només hi havia família per part seva, que tampoc no era gaire... Hi eren el seu germà, amb la dona i els nois amb una cara d'avorriment que no podien dissimular. I hi havia els dos companys de la feina, amb les dones.

El germà del Ramon va fer un comentari burleta perquè no arribàvem a la dotzena.

I aleshores, el Ramon em diu: "vaig a convidar aquest home del teclat i així serem 12"

Quines coses...

Encara li hauré de donar gràcies al germà del Ramon per la seva impertinència, perquè així et vam conèixer i ara tinc algú.

Perquè ells, només van estar pendents de mi el dia de l'enterrament, davant la gent, ja ho vas veure, però res més. Després, han trucat una vegada per oferir-se a mirar els papers del Ramon, "que no se'm passés res". Què se m'hauria de passar? Què n'han de fer ells? Els he dit que al setembre ja parlarem, que ara no en tinc ganes.

I és veritat que no en tinc ganes.

Aquest any fa 30 anys que ens vam casar. No havíem de fer res especial. Ell i jo. Però ara ho hauré de fer jo sola.

Tot el que penso, tot el que faig, m'acaba portant a la realitat i a l'evidència de que ja no el tinc, ja no està amb mi.

M'he quedat sola. És terrible, Joan.

Maria

Assumpte:
Data: 31 juliol 2010, 07:37:30 + 0100
De: Maria <marieta@mail.com>
Per a: Joan <joanitu@mail.com>

Joan,

Tinc pànic a aquest mes d'agost. Havíem previst un mes molt diferent.

Volíem anar a Roma. Ara no hi anirem mai. El Ramon i jo.

Una de la feina m'ha ofert que marxi amb ella al poble dels seus pares. Només dues setmanes, però ja m'està bé.

Prou lluny de casa com per no sentir el silenci que m'envolta. Prou lluny com per no notar l'olor de la seva absència. Lluny.

Segurament marxaré, perquè necessito respirar i a casa m'ofego.

Com pot ser? He estat tan feliç entre aquestes parets i ara són com una presó...

Tot això és irreal...

He hagut de buscar un advocat, perquè no teníem testament fet, i al no haver-hi fills, no sé què m'han explicat del règim català, i de usdefruit, de legítimes...

No em veig amb ànims de fer res d'això.

Una de la feina m'ha donat el nom d'un i li he demanat que s'encarregui ell de tot. M'ha dit d'uns poders, per estalviar-me problemes i desplaçaments.

Francament, ho agrairé molt.

Com m'ha pogut fer això en Ramon? Com? Encara em trobo dient-me "No pot ser"...

Segurament marxaré amb aquesta de la feina. He descobert que hi ha molt bona gent al voltant meu.

I ja sé que tu també hi ets al meu voltant, que sempre hi has estat, però volia dir, que he trobat altres persones.

Després aniré a la perruqueria, que m'arreglin els cabells una mica. No me'ls tallaré, però m'hauria de tenyir.

I ho faré igual, que al Ramon no li agradava que el portés deixat i sempre m'animava a tapar les canes amb el tint.

Deia que les canes no em feien justícia.

Sempre tan maco.

Portaré el telèfon aquests dies.

M.

Assumpte:
Data: 16 agost 2010, 05:05:22 + 0100
De: Maria <marieta@mail.com>
Per a: Joan <joanitu@mail.com>

Joan,

T'agraeixo que m'hagis trucat aquests dies mentre he estat fora.

Han estat bé aquestes dues setmanes. Hi havia molta gent a casa de la meva companya i moltes coses a fer i tothom ha estat molt amable.

No és que hagi deixat de pensar en el Ramon, perquè no puc, però en algun moment he pogut desconnectar.

Només en algun moment, perquè tinc present, en tot moment, al Ramon. No es pensés que no l'estimo.

És curiós... Hi ha moments que se'm desdibuixa la seva cara, si hi penso molt. Però no, miro una foto i ho veig tot i ho recordo tot. La seva veu, la seva olor, la seva manera de caminar...

Com pot haver passat això Joan?

Volia dir-te que no vull quedar-me a casa el que queda d'agost.

Me'n vaig a l'Estartit. He de veure si puc anar-hi sense ell. Ho he de fer. Cada estiu hem passat una setmana de vacances allà i aquest any vull fer-ho també.

Li ho vaig dir a la meva companya i em va ajudar a trobat uns autobusos que surten de Barcelona i et deixen al nucli urbà. No he reservat res.

Si no trobo lloc on anàvem sempre tornaré en el darrer bus i ja està.

Però vull provar-ho.

Gràcies per estar sempre a l'altra banda.

M.

Assumpte: Demà torno a la feina
Data: 29 agost 2010, 22:25:46 + 0100
De: Maria <marieta@mail.com>
Per a: Joan <joanitu@mail.com>

Hola Joan

Aquesta setmana ha estat terrible.

He recorregut la platja sense ell. He caminat al vespre pel passeig sense ell. M'he quedat hores davant les Illes Medes esperant que, en algun moment, ell vindria per darrera i em taparia els ulls, i em diria "Qui sóc?"

Però no ha vingut. Ara començo a veure que no vindrà mai més. I no m'ho crec, encara.

Demà torno a la feina.

Demà, a la tarda, et truco o t'escric. Ja et diré com m'ha anat.

Aprofitaré per tornar a anar a la feina aquests primers dies, abans del setembre, que no hi ha gaire gent.

I quan torni a casa no esperaré a ningú. I ningú no m'esperarà...

Parlem demà.

M.

Quedem divendres?

Assumpte: Sant del Ramon
Data: 31 agost 2010, 16:05:36 + 0100
De: Maria <marieta@mail.com>
Per a: Joan <joanitu@mail.com>

Joan,

Avui és el Sant del Ramon.

El trobo tant a faltar, tant.

Altres anys anàvem a l'aplec que fa la pujada a l'ermita però aquest any no hi anirem.

Truca'm si pots.

M.

Assumpte: Primera setmana
Data: 3 setembre 2010, 15:55:40 + 0100
De: Maria <marieta@mail.com>
Per a: Joan <joanitu@mail.com>

Hola Joan

Ja he superat la primera setmana de feina.

Els dos primers dies van ser horribles perquè la poca gent que hi havia estaven pendents de mi i jo volia estar sola. Però no he dit res. Els altres dies han estat també horribles perquè tothom torna content de les vacances.

I jo no. Ni torno de vacances ni estic contenta. I potser m'hagués agradat no tornar d'enlloc.

Vaig trobar-me la companya que no va poder anar a Roma. Ens hem fet companyia aquests dies. Les dues estem soles. Ella, almenys, sap que el seu home està viu i pot tenir l'esperança que torni amb ella. A ella no li consola això, però jo m'estimaria més que el Ramon fos amb una altra dona, però viu.

El Ramon no tornarà mai.

Ella em deia que el seu tampoc no tornarà, que la dona amb la que està ara és molt jove i que el seu home ara tindrà fills i serà jove. I ella, ara, ja no podria tenir fills.

Jo li he dit que nosaltres, el Ramon i jo, mai no els vam necessitar. No van venir, però no ens vam amoïnar per això. Sempre ens hem tingut l'un a l'altre. Sempre ens havíem tingut...

La meva companya, pel que m'ha dit, no podia tenir-ne (ella), i sospita que això ha estat el que ha fet que el seu home es busqués una altra dona. Hem deixat de parlar perquè ens posàvem a plorar i no pot ser.

M'ha trucat l'advocat. Em perdo en el seu llenguatge. M'ha dit que no m'amoïni, que ja m'avisarà si hi ha cap novetat. I m'ha dit que m'estigui tranquil·la, que ningú no em farà fora de casa meva. He estat a punt de deixar-li anar una fresca però no tenia ganes de discutir. Si de moment diu que "pinta bé", confiaré en ell...

Aquesta setmana he dormit amb regularitat, poques hores, però cada dia, cada nit, i ho he agraït.

Una companya s'ha ofert a ajudar-me a recollir les coses del Ramon i m'he quedat parada... Per què hauria jo de voler recollir res? Tot està com ho va deixar.

Només he rentat la roba bruta del cove, per deixar-la plegada al seu lloc. Però el que hi havia als armaris, està tal qual.

Per què ho hauria de recollir?

Ella diu que cal fer-ho, començar a "passar pàgina"

Però jo no vull passar pàgina.

Jo vull llegir-les totes, les pàgines, les que hi ha escrites.

Perquè mai més les tornaré a escriure.

En fi, només volia explicar-t'ho.

Seguim en contacte

Assumpte: Primera diada
Data: 12 setembre 2010, 08:20:32 + 0100
De: Maria <marieta@mail.com>
Per a: Joan <joanitu@mail.com>

Hola Joan

Ahir va ser la Diada. Ahir va fer 2 mesos que vam enterrar el Ramon.

Cada dia que passa hi ha alguna cosa que me'l recorda. Cada hora, cada minut, hi ha detalls que me'l porten.

I me n'adono que ja no està amb mi.

No vaig sortir de casa, ni tan sols per anar a l'ofrena floral. Massa gent, massa coneguts, massa... I encara no em veig amb cor d'enfrontar-me a tanta realitat.

A ell li agradava tant anar-hi. I cantava la cançó de la senyera amb la seva veu, greu, imponent, que la gent en escoltar-lo es giraven a mirar qui era que cantava.

Avui, quan he sentit la cançó, mentre hissaven la senyera, he tancat els ulls i he buscat la seva veu, però no l'he trobat. I se m'anegaven els ulls.

Aleshores he tret el volum i m'he quedat només amb les imatges. Sense veu, en silenci.

Com està la meva vida en els darrers dos mesos: en silenci.

Veus? Ja torno a plorar. I és que ho tinc tot massa recent. O no. O sempre ho tindré recent. No ho sé. Però tinc ganes de plorar, avui, aquí, al refugi de casa meva, i ploro.

A la feina no ploro. Només el primer dia. Però he aconseguit no plorar davant de ningú, que no vull fer pena. La pena és meva, és per a mi. Que el món tingui la seva, de pena. Aquesta és la meva.

He pensat aquesta setmana que les de la feina tenen raó, sobre "passar pàgina". No del tot, sinó alguna pàgina, només alguna.

El tema dels armaris, per exemple. Si els buido, tota la roba que es pugui aprofita, la podré donar a la Llar d'avis i algú podrà utilitzar-ho.

I ahir a la tarda vaig començar pels armaris.

La primera porta ha estat una sotragada. Quan la vaig obrir, la seva olor em va venir al damunt, i em va abraçar tan fort que quasi caic. Vaig haver de seure una estona i respirar fons. I vaig plorar. Molt.

Vaig estar-me molta estona passant la mà pels vestits. Sense despenjar-los...

Se m'ha fet molt dur triar quins em quedo i quins no.

Suposo que hauré de fer vàries passades perquè vaig treure només una quarta part i la resta han quedat a l'armari (tots tenen tants records...)

Dels que vaig apartar, vaig fer neteja de butxaques i els he posat, ben plegats, a una bossa.

Quan vaig adonar-me'n gairebé era fosc.

I vaig obrir una segona porta, de camises, i em va passar el mateix, però ara ja m'ho esperava. També n'he apartat unes poques. Les vaig plegar amb cura i també les he deixat a la bossa.

Quan vaig acabar era molt tard. Estava esgotada i amb la calor que fa aquests dies encara més.

Ara m'acabo de llevar, hauria de fer la resta de l'armari, calaixos i les sabates. Per la nit vaig anar-me'n al llit amb els cabells molls, després de la dutxa, i ara tinc mal de cap. Només em faltava això.

Què n'és de difícil, això, Joan. Molt difícil.

Només volia dir-t'ho.

Maria

Quedem divendres?

Assumpte: Paquets
Data: 13 setembre 2010, 23:05:30 + 0100
De: Maria <marieta@mail.com>
Per a: Joan <joanitu@mail.com>

Joan,

He començat a fer paquets de roba.

Uns paquets, més aviat bosses, van a la Llar d'avis. Uns altres paquets els pujaré a l'altell perquè no vull desfer-me de tot el que és del Ramon.

He comprat bosses de plàstic que es connecten a l'aspirador per treure l'aire i es fan paquets compactes de roba.

He fet tres paquets de vestits, tots ben posats

He fet un paquet de camises, de màniga llarga i de màniga curta i un altre amb jerseis i polos d'estiu.

I he fet un altre paquet amb roba d'esport i la roba interior.

M'he quedat sense bosse, i n'hauré de buscar un parell més, per desar les sabates i les esportives.

Quan he desfet la bossa de l'squash, m'he posat a plorar. Tantes vegades que l'he vist, darrerament, buidar aquesta bossa amb la roba neta...

I aquesta vegada també estava per desfer. I l'he guardat tal qual, la roba.

Tot el que he tret de les butxaques i de la bossa d'esport ho he posat a un calaix. Ara en tinc molts de buits, i l'habitació em sembla que ressona, amb tots els espais que hi ha...

Hauré de mirar papers en algun moment. Però no aquesta setmana. Dissabte veurem.

Aquestes tardes les aprofitaré per portar les bosses a la Llar d'avis. Així ho tindran abans no arribi la fresca.

I també hauré de mirar el mòbil.

El vaig deixar endollat, en silenci, quan el Ramon estava a l'hospital.

Encara sort que no el vaig apagar com m'havia demanat perquè no hagués sabut com engegar-lo i quan el miri podré respondre si algú li ha deixat alguna cosa.

I segur que hi ha missatges perquè hi ha una llumeta que fa pampallugues. No he tocat el telèfon perquè així és com estava sempre que el tenia endollat, amb aquella llumeta que feia pampallugues. I si faig res i s'apaga aquesta llum, em quedaria encara més sola, i no ho voldria.

Però no serà aquesta setmana que el miri. Dissabte em poso amb els papers i després amb el telèfon.

Me'n vaig a dormir que s'ha fet molt tard. Estic tan cansada que compto que dormiré bé avui.

Parlem.

Maria

Assumpte: Més paquets
Data: 17 setembre 2010, 22:12:05 + 0100
De: Maria <marieta@mail.com>
Per a: Joan <joanitu@mail.com>

Joan,

Ja he portat les bosses a la Llar d'avis. Ho he portat en diferents dies, perquè hi havia molta cosa: vestits, jerseis, camises, sabates, roba interior (només els he portat la que era nova, la que estava feta servir l'he deixat a casa).

M'he quedat amb una sensació estranya després de deixar tot allò a la recepció.

Com si em desprengués d'una part de mi.

Ara he de pujar a l'altell de casa tots els paquets que he fet amb la roba que no vull donar.

De moment, la vull amb mi.

I he deixat un parell de mudes i de tot a l'armari. Per si de cas.

M'imagino que diràs que no té cap sentit, però em quedo molt més tranquil·la si veig coses seves als armaris.

Ja tinc la vida prou buida com per tenir també els armaris buits.

He aprofitat alguna estona per endreçar les seves coses personals i així he portat a la Llar d'avis alguns pots d'after shave, l'escuma d'afaitar, maquinetes noves.

Fins i tot he fet una bossa amb tovalloles de bany, les que portava a squash, i un dels barnussos que tenia "per si de cas".

L'altre barnús l'he deixat al bany, al costat del meu.

Total, que he acabat la setmana esgotada.

I demà, he dit que em posaria a mirar papers, rebuts i tiquets, que he tret una pila de tiquets de pagament amb VISA, que era ell qui els comprovava abans de llençar-los i ara ho hauré de fer jo...Ahir vaig anar al banc a demanar un accés "on-line" perquè fins ara tot això ho feia ell però en algun moment m'hi hauré de posar.

De pas, ahir, vaig obrir un compte nou, només al meu nom i hi aniré passant els diners dels comptes comuns a aquest perquè l'advocat m'ha dit que ho hauria de fer.

Sembla que el germà del Ramon, com que no havíem fet mai testament, ha consultat si té dret a alguna cosa, per legítima. Ja m'ho pensava que ho faria. I seguramanent, "no ho fa per ell, ho fa pels nois", com sempre diu. Ell mai no fa res per ell, sempre ho fa pels nois, però és ell qui ho fa.

L'advocat és qui s'ho està mirant tot. El pis era de tots dos i sembla que sí que tenen dret a una part però no em poden fer fora ni fer que el vengui. Ja t'ho explicaré millor, però sembla que tinc dret a usdefruit mentre visqui.

El Ramon sempre ha estat pendent dels nebots, quan han estudiat, quan han dit que es volien casar i quan han tingut les criatures. I jo sempre els he vist una mica aprofitats però el Ramon no volia veure-ho així.

I ja m'ho pensava que saltarien al damunt a veure "què pillen", era qüestió de temps.

Però no pensava que seria tan aviat. Pensava que esperarien una mica més...

Bé, d'això ja se n'encarregarà l'advocat. I faré el que hagi de fer. I el que sigui seu els ho donaré, però quan toqui.

Demà començaré a mirar papers.

I el mòbil... que això sí que em donarà feina... He trobat les instruccions i me les estic llegint per no fer res malament i no apagar-lo.

Seguim en contacte.

Maria

Assumpte: Papers i resguards
Data: 18 setembre 2010, 22:55:36 + 0100
De: Maria <marieta@mail.com>
Per a: Joan <joanitu@mail.com>

Joan,

No em pensava que això m'afectaria tant.

He fet net de papers, resguards d'aparcament que havien quedat a les butxaques, reguards de benzina, notes que no tenen cap sentit per a mi...

He fet piles i les he posat per ordre cronològic.

Hi ha un aparcament que sembla li havia d'agradar molt perquè és de l'únic que hi ha resguards.

Però quan he mirat "on-line" els pagaments de les targetes no n'hi havia cap d'aparcament. Aleshores m'he fixat que el número de la targeta no és el de cap de "les nostres".

He mirat la seva cartera. Han sortit més paperets i resguards i quan he mirat les targetes, n'he trobat una que no és de les "de casa".

Suposo que és de la feina perquè és la que ha utilitzat per pagar els aparcaments i són tots de divendres i dissabtes, per això suposo que és per coses de feina.

M'imagino que s'hauria descuidat de dir-me que algun dia s'han trobat per reunir-se en algun altre lloc, que això els suecs ja ho fan...

I he trobat un resguard d'una joieria.

Aquest ha estat el meu descobriment.

M'ha agafat la plorera perquè això vol dir que tinc un regal que m'havia volgut fer i que no me l'ha pogut donar. El seu darrer regal.

Voldria anar-lo a buscar la setmana propera però no vull anar-hi sola. Podries acompanyar-me, sisplau?

Tinc una barreja de tristor, impaciència, emoció, il·lusió i por.

Mai he anat a buscar res per a mi, sempre era ell qui em sorprenia. I ho encertava sempre. No sé com me'n sortiré per fer tantes coses sense ell.

No sé si me'n sortiré...

Joan, tot això és tan difícil...

He anat a la perruqueria aquesta tarda. M'han dit si volia tallar-me els cabells i he dit que no, que vull deixar-los així, llargs, com li agradava al Ramon.

Truca'm sisplau dilluns, per quedar.

Maria

Assumpte:
Data: 22 setembre 2010, 16:15:01 + 0100
De: Maria <marieta@mail.com>
Per a: Joan <joanitu@mail.com>

No sé com començar

No sé què dir-te

Joan, estic desfeta...

No m'esperava això

No sé com encaixar-ho...

No puc...

M

Quedem divendres?

Assumpte:
Data: 24 setembre 2010, 19:25:31 + 0100
De: Maria <marieta@mail.com>
Per a: Joan <joanitu@mail.com>

He tornat a mirar els comptes del banc.

He començat a mirar el telèfon.

Segurament m'estic equivocant. No pot ser.

No pot ser

NO POT SER!!!!

No sé com explicar les transferències a un compte que només van a nom d'ell. Al banc em van dir que la targeta va lligada a aquest compte.

Però no em poden dir res perquè no en sóc titular. Ni tindré dret a saber-ho perquè no sóc la seva hereva.

Només sóc la seva vídua.

Només.

I encara sort que m'han volgut dir que la targeta va lligada al compte, que això no m'ho haurien d'haver dit però són molts anys amb aquesta entitat.

Tota la meva vida amb el Ramon

Tota la meva vida

No és pels diners, és per què no m'havia dit que tenia aquell compte.

I amb aquella targeta havia pagat "allò" de la joieria.

I els aparcaments.

Al telèfon del Ramon hi havia moltes trucades de clients perquè he escoltat la bústia de veu i els missatges eren de feina. Aquestes trucades les he deixat de banda.

Però les altres trucades, les que ha fet al mateix número, al de "R", aquestes no deixen missatge de veu.

Només missatges de text.

"T'espero"

"Vindràs avui?"

"Tot a punt"

"No triguis"

"Muas"

"T'estimo"

Qui collons li deia això al Ramon????

I els que ell feia?

No pot ser.

No pot ser cap altra cosa.

"T'enyoro"

"Avui em puc quedar"

"Fins aviat"

"Molt aviat"

"T'estimo"

NO POT SER!!!

Qui és "R"?

I no pot ser cap company de feina perquè a cap d'ells els compraria un cor amb "R i R".

Ramon i "R".

Qui collons és "R"????

Joan, estic molt nerviosa

Assumpte:
Data: 26 setembre 2010, 12:30:11 + 0100
De: Maria <marieta@mail.com>
Per a: Joan <joanitu@mail.com>

M'estic mortificant

I estic enrabiada

I no sé com encaixar-ho tot plegat.

Pensava que no podia haver-hi res pitjor que haver perdut al Ramon. I m'equivocava. Això és molt pitjor.

Li dono voltes a moltes coses, Joan.

Tants divendres de feina. Tants dissabtes al matí.

Tants dies d'squash, que em deia que anava a l'squash i després té un tiquet d'aparcament "on sempre".

I ara entenc que m'animés a anar-me'n a Roma...

L'aparcament d'aquell cap de setmana és d'haver passat tots els dies allà, a casa de "R".

M'estic tornant boja

Òstia Joan, això no havia d'haver passat...

Com he arribat aquí? Com no me n'he adonat de res? Com he pogut ser tan bleda?

Se me n'ha anat tot en orris Joan, tot.

Què em queda ara? NO EM QUEDA RES!!!

Què faré ara Joan? Què faré?

Estic molt sola i molt trista. I dolguda

Em sento buida per dins

M'han vingut al cap les destrosses dels huracans tropicals, que ho fan trontollar tot i destrossen estructures que la gent donava per segures.

Això ha estat un huracà. Però només per a mi.

I ara què?

Assumpte: No he anat a treballar
Data: 27 setembre 2010, 11:10:07 + 0100
De: Maria <marieta@mail.com>
Per a: Joan <joanitu@mail.com>

Joan,

Aquesta setmana m'he agafat festa.

No puc pensar en res

Tinc moltes coses al cap.

Tinc la casa plena de paquets amb les coses del Ramon

No les he acabat de recollir i això m'ha fet que només tingui ganes d'escorcollar tot el que queda.

No he trobat res més. Els tiquets d'aparcament, el resguard de la joieria i els missatges de mòbil.

Tan poca cosa i tant de mal que m'han fet.

He de pensar què faig amb tot això.

He sentit el teu missatge a la bústia de veu. No tinc ganes de sortir. T'ho agraeixo molt, però no en tinc ganes.

Una altra setmana Joan, sisplau.

M.

Assumpte:
Data: 28 setembre 2010, 11:10:07 + 0100
De: Maria <marieta@mail.com>
Per a: Joan <joanitu@mail.com>

Avui m'he presentat a la feina del Ramon.

He parlat amb el seu cap, el suec. Si més no això sí era veritat.

Ha estat molt amable. Molt considerat.

Suposo que no en sap res del Ramon i la "R" però jo no he tret el tema.

Encara tinc dignitat.

Li he dit que tenia les trucades dels clients al mòbil de la feina. M'ha dit que el mòbil era personal i que els clients, en no rebre resposta, ja havien trucat gairebé tots.

Sembla que no m'he d'amoïnar per això. Tant que patia ell per "la feina"...

Li he dit que si algun dels companys o companyes volien alguna cosa seva que m'ho diguessin que em plantejava desfer-me de moltes coses personals.

Com era d'imaginar ningú ha demanat l'equip d'squash.

Sospito que mai havia jugat amb la gent de la feina...

M'ha dit que els serveis jurídics estaven tramitant encara els papers de la indemnització i tal. I que si volia, podia recollir les coses personals del Ramon, que les havien posat en una caixa.

Em trucaran i hauré de tornar-hi segurament en un parell de dies.

Jo he fet el que havia de fer i certament esperava trobar algú amb cara de "R".

De vegades sóc molt bàsica.

Només han vingut a saludar-me els dos companys que estaven a les noces d'argent i que també eren a l'enterrament i dos homes més que no recordava haver vist mai.

No ha vingut cap dona a dir-me res.

En realitat, n'hi ha molt poques, allà, però pensava que alguna vindria. No ha estat així.

I aleshores, quan ja estava a punt de marxar, se m'ha acudit...

He demanat per anar al lavabo i quan he estat a dins, he buscat el número de la "R", l'he posat al meu mòbil, he obert la porta del lavabo... I he trucat.

Ha sonat un mòbil a la sala i m'ha agafat un sobresalt. He penjat. I he marxat precipitadament.

Després, quan ja havia sortit de l'edifici i anava a buscar un taxi, ha trucat la "R" al meu mòbil.

M'he quedat que no sabia què fer, si agafar-lo o no.

L'he agafat i m'ha sortit una veu de dona, molt agradable, que demanava qui era, que tenia una trucada meva.

No sé com, atropelladament, li he dit que no sabia amb qui parlava, que jo era la Maria, i ella ha dit "Sóc la Roser...".

Aleshores, he agafat aire i li he dit: "Hola Roser. Sóc la Maria, la dona del Ramon".

I ha penjat. No sé quina cara té, però té nom: Roser

R i R

Ramon i Roser. Roser i Ramon. M'estic fent mal.

He tornat a la feina del Ramon i m'he assegut a un banc, veient la porta.

Ha sortit molta gent però no he reconegut cap cara ni cap facció. He vist sortir les dones que hi havia a la sala gran i sé que és una d'elles, però no sé quina.

Ja sé que això és malaltís però necessito fer-ho.

Mai a la vida he fet res sola, penso que aquesta ha estat la única vegada que he tingut iniciativa per fer res...

I ves per on què m'ha portat a fer-ho...

Tot plegat és un desgavell...

M.

Assumpte:
Data: 1 octubre 2010, 23:22:09 +0100
De: Maria <marieta@mail.com>
Per a: Joan <joanitu@mail.com>

Ahir em va trucar el Cap del Ramon, per dir-me que quan volgués podia anar a recollir les coses. Li vaig dir que hi aniria avui i ho he fet.

M'han donat una capsa amb les seves inicials. Només. R.M.P. Ni una data ni res.

M'ha agafat un calfred.

Els companys del Ramon m'han ofert de portar-me a casa però els he dit que tenia el taxi a la porta. No era veritat però no tenia ganes de silencis incòmodes.

Un altre paquet del Ramon. M'ho han posat en un carretó i els he dit que ja ho baixava jo, que no volia destorbar-los.

He demanat per anar al lavabo, i els he dit que ja sabia on era.

Quan hi anava, he mirat buscant alguna cara que no conegués. He vist un home a un extrem de la sala, i tal com anava al lavabo, li he demanat, sisplau, quina era la taula de la Roser...

I me n'ha assenyalat una, cap al centre de la sala, on va sonar el telèfon l'altre dia.

I allà hi havia la "R". M'he quedat plantada, allà al mig, mirant el clatell d'una dona, que no té cara, però m'he quedat parada quan he vist que té els cabells tan curts que hagués pogut pensar que era un home, si no fos per la brusa estampada.

Aquells cabells tan curts...

I s'ha girat. I li he vist la cara. Per uns segons, ens hem mirat l'una a l'altra. I ella m'ha vist.

He entrat al lavabo i he tingut basques.

No sóc tan forta Joan. No ho sóc.

M'he asserenat i he sortit, sense saber com afrontar-ho... però ella no hi era.

Ara sé quina cara té la "R".

He tornat a casa i m'he ficat al llit. Penso que he tingut febre. Tota la tarda que he estat amb el son de vigília.

No volia pensar-hi però no podia evitar les imatges que em venien al cap.

El Ramon i ella. El Ramon i la Roser

Amb aquells cabells tan curts.

Això és una merda Joan

M.

Assumpte:
Data: 3 octubre 2010, 22:10:34 + 0100
De: Maria <marieta@mail.com>
Per a: Joan <joanitu@mail.com>

Aquest cap de setmana he marxat de casa.

Dissabte al matí vaig agafar una muda una bossa i me'n vaig anar a l'estació.

Vaig agafar un bitllet fins al final de la línia.

Vaig buscar un hotel i he passat el cap de setmana a Manresa.

No he fet res. Només he voltat per carrers diferents veient cares diferents.

Volia cares i llocs que no em recordessin al Ramon.

I he descansat una mica.

He arribat fa un parell d'hores. M'he posat aigua a la banyera i m'he quedat allà fins que l'aigua s'ha refredat.

M'he eixugat els cabells, que ja m'ha passat d'anar-me'n al llit amb els cabells molls i després m'agafa mal de cap.

I ja en tinc prou amb el mal de cor.

Et truco aquesta setmana

M.

Assumpte:
Data: 13 octubre 2010, 15:15:14 + 0100
De: Maria <marieta@mail.com>
Per a: Joan <joanitu@mail.com>

Joan,

Em diràs que és una bestiesa, però ja és massa tard perquè ja ho he fet.

He trucat un dels companys del Ramon.

He quedat amb ell aquesta tarda.

No puc viure amb imaginacions. El que sigui, vull saber-ho.

M.

Assumpte:
Data: 15 octubre 2010, 16:19:30 + 0100
De: Maria <marieta@mail.com>
Per a: Joan <joanitu@mail.com>

He necessitat un dia per pair-ho tot.

Vaig quedar amb el company del Ramon. Sabia això de la Roser. Li ho havia dit el Ramon. Sembla que fa uns dos anys que va començar "aquesta història".

La Roser tenia parella i només es veien de tant en tant. Però fa uns mesos, ella va deixar-ho amb la seva parella i va quedar lliure. Aleshores el Ramon s'hi va llençar. I van començar a veure's molt seguit, divendres, caps de setmana.

M'ha dit que li sabia molt greu però que esperava que això acabaria un dia o un altre.

El que no m'ha dit és cap a quin cantó acabaria. Del de la Roser o del meu.

I quan li ho he preguntat, ha abaixat el cap.

No m'hagués imaginat mai que tindria valor per fer el que he fet.

Mai.

M'estic descobrint.

I no sé si m'agrado

M.

Assumpte:
Data: 16 octubre 2010, 16:05:43 + 0100
De: Maria <marieta@mail.com>
Per a: Joan <joanitu@mail.com>

Joan,

No podré superar-ho.

És més fort que jo.

Em ve al cap l'escena de la joieria...

Quan la dependenta va dir que el Ramon "era un bon client"

I jo no tinc res d'aquella joieria

Cabró.

Assumpte: Passar pàgina
Data: 20 octubre 2010, 16:05:43 + 0100
De: Maria <marieta@mail.com>
Per a: Joan <joanitu@mail.com>

Avui he parlat amb la meva companya de feina. La que no va poder anar a Roma.

Hem quedat al sortir de la feina i hem estat hores parlant.

M'ha ajudat molt parlar amb ella. Molt.

La veritat és que mai he volgut tenir amistats a la feina, i al final, a banda de tu, serà l'únic lloc on podré trobar una espatlla.

Hem quedat de veure'ns aquest cap de setmana. M'ha dit que he de començar a passar pàgina.

M'ho ha dit tanta gent... Però quan m'ho ha dit ella he vist que és el que cal fer.

Ella també està sola. I dolguda.

Em deia que no sap si li fa més mal la traïció o la soledat.

L'entenc tan bé...

No tinc ganes d'escriure.

Estic cansada...

M.

Quedem divendres?

Assumpte: Després de la tempesta...
Data: 24 octubre 2010, 16:05:43 + 0100
De: Maria <marieta@mail.com>
Per a: Joan <joanitu@mail.com>

... sempre arriba la calma.

Aquest cap de setmana m'ha anat molt bé.

He estat amb la meva companya, l'Elena (és curiós, no t'havia dit mai com es diu i fa temps que t'escric coses d'ella...). Bé, he estat amb l'Elena i hem fet "neteja" de sentiments.

L'Elena fa Tai-txi i m'ha portat a la platja, a primera hora del dia i hem saludat el sol. L'aire fresc del mar ens ha deixat la cara freda i salada, però m'he quedat molt a gust.

Cal que perdoni el Ramon. He de fer per quedar-me amb els bons records, tot el que va fer amb mi i per mi quan estàvem junts. El que està fet, està fet. I això no ho canvia ningú.

M'ha dit l'Elena que la Roser, al cap i a la fi, és mig vídua del Ramon. Quan li he sentit dir això, tota la calma interior s'ha esvaït i m'ha agafat un rampell que no li ha passat desapercebut. Però m'ha fet un gest amb la mà... "Calma, Maria, calma..."

I quan ho ha tornat a dir, he pensat que tenia raó. Hauria de parlar amb aquesta dona ara que estic més calmada...

Ho hauries de provar això del Tai-txi...M.

Assumpte: Reprenent la vida...
Data: 26 octubre 2010, 17:15:40 + 0100
De: Maria <marieta@mail.com>
Per a: Joan <joanitu@mail.com>

Joan,

Avui a la feina han començat a parlar de sortir per la Puríssima.

I he dit que comptin amb mi abans de preguntar on van.

No suportaria passar tots aquells dies sola, a casa.

Han dit d'anar a Mallorca i em sembla fantàstic.

Hi havia anat fa temps, amb el Ramon, i serà la primera vegada que viatjo sense ell.

Sense ell amb mi, vull dir.

Bé, tu ja m'entens.

Aquesta gent de la feina s'estan portant molt bé.

I la vida continua.

M.

Assumpte: Reprenent la vida (2)
Data: 26 octubre 2010, 17:20:33 + 0100
De: Maria <marieta@mail.com>
Per a: Joan <joanitu@mail.com>

Joan!!!

Que no t'havia donat resposta!!

Sí que l'he sentit, el teu missatge de veu. I sí, sí que em ve de gust d'anar al cinema divendres.

Total, no serà la primera vegada que hi anem tu i jo sols, oi?

Ni serà la darrera.

El que sí serà és la primera vegada que vaig al cinema després de...

No vull posar-me trista. Ja he plorat prou.

Ja em diràs a quina hora vols que quedem.

I compto que em tornaràs a casa...

Maria

Assumpte: Ens veiem demà!!
Data: 28 octubre 2010, 17:20:33 + 0100
De: Maria <marieta@mail.com>
Per a: Joan <joanitu@mail.com>

He vist el teu SMS.

Em sembla bé.

A les 19.30 a la porta dels cinemes.

I tu agafes les entrades.

Ja em diràs què et dec.

I no em diguis què anem a veure... Sorprèn-me!!

Fins demà!

M.

Quedem divendres?

Assumpte:
Data: 30 octubre 2010, 10:10:45 + 0100
De: Maria <marieta@mail.com>
Per a: Joan <joanitu@mail.com>

Joan,

Estic avergonyida.

Em sap molt de greu el numeret que vaig fer ahir vespre.

Volia anar al cinema, em feia molta il·lusió, però suposo que em van trair els nervis.

Era la primera vegada que sortia amb tu des que va morir el Ramon i suposo que em van venir totes les emocions de cop.

Em vaig posar molt nerviosa. No m'havia passat mai que m'agafés una cosa així.

Pensava que m'ofegava i em moria.

I no vull morir-me.

Disculpa'm, sisplau.

Vols que provem la setmana que ve?

Ja em diràs alguna cosa.

I gràcies per tot.

Maria

Assumpte: Coses...
Data: 2 novembre 2010, 18:20:15 + 0200
De: Maria <marieta@mail.com>
Per a: Joan <joanitu@mail.com>

Joan,

Ahir va ser Tots Sants. Vaig veure com la gent anava al cementiri a portar flors als éssers estimats.

Jo no he anat mai a portar flors a la mama ni a ma germana. I el Ramon el tinc a casa.

Potser hauria de portar el Ramon al cementiri. Que descansi. I jo també descansaria perquè ja fa dies que no necessito tocar el pot per dormir...

I em fa por trencar-lo.

Creus que està malament, que pensi això?

M.

Quedem divendres?

Assumpte: Demà...
Data: 4 novembre 2010, 19:13:05 + 0200
De: Maria <marieta@mail.com>
Per a: Joan <joanitu@mail.com>

Joan,

Vols que provem demà de tornar al cinema?

T'ho agrairia molt.

Digues-me quelcom, sisplau.

M.

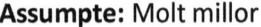

Assumpte: Molt millor
Data: 7 novembre 2010, 19:55:35 + 0200
De: Maria <marieta@mail.com>
Per a: Joan <joanitu@mail.com>

Joan,

Gràcies per donar-me l'oportunitat.

M'ho vaig passar molt bé al cinema.

I em va agradar que m'acompanyessis a sopar.

Gràcies

Maria

Assumpte: M'he decidit
Data: 8 novembre 2010, 19:35:12 + 0200
De: Maria <marieta@mail.com>
Per a: Joan <joanitu@mail.com>

Joan,

Començo a veure la llum

He de trucar la "R". He de parlar amb la Roser.

Ho he de fer.

He de fer moltes coses.

Maria

Assumpte: No sé què fer...
Data: 9 novembre 2010, 20:33:12 + 0200
De: Maria <marieta@mail.com>
Per a: Joan <joanitu@mail.com>

Joan,

Tinc molts dubtes.

I tinc por.

I si em trobo una dona que m'agrada més que jo mateixa?

Què faig?

Maria

Assumpte: Els primer paquets...
Data: 11 novembre 2010, 19:25:31 + 0200
De: Maria <marieta@mail.com>
Per a: Joan <joanitu@mail.com>

Joan,

Fa dos dies vaig trucar la "R". Roser.

Se'm fa estrany escriure el seu nom, i em fa mal, però ho he de fer...

Vaig quedar amb ella i avui ens hem vist.

No ha estat una trobada amistosa perquè no té cap sentit. No hi ha cap mena d'amistat, ni la hi haurà mai, però ho havia de fer.

Li he donat el paquetet de la joieria. Al cap i a la fi, el Ramon li ho va comprar per a ella.

I realment, ella també ha estat traïda perquè li va fer creure que estava molt més lliure del que era.

Això tenim en comú.

Ens hem vist a un banc del parc i des d'allà es veia l'aparcament on el Ramon deixava el cotxe.

Quan ens hem acomiadat, i compto que no ens veurem mai més, ha fet el gest d'obrir la bossa per guardar la capseta que jo li he donat. I aleshores l'he vist.

El "foulard" de flors, aquell que vaig extraviar i vaig fer-te regirar el cotxe. Jo pensava que se m'havia perdut a casa o al teu cotxe. I de cop m'ha vingut la imatge... Me'l vaig deixar al cotxe del Ramon.

No sé com ha arribat a les mans de la "R" i no li he preguntat. Però he tingut la sensació de cloure un tema pendent. Ja he trobat el foulard.

Quan he arribat a casa, he trucat el germà del Ramon i li he dit que s'enduguin el cotxe quan vulguin, que jo no en faré res.

S'ha posat molt amable a oferir-me ajut i tal. He penjat el telèfon.

No tenia ganes de sentir tanta excusa.

Ha trucat ell i li he dit que seria cosa de la cobertura. S'ha acomiadat sense històries i ara hem penjat tots dos.

M'he desfet de dos paquets avui.

Encara en queden molts a casa...

Tinc feina, encara tinc molta feina.

Parlem.

Maria

Quedem divendres?

Assumpte: Fi de viatge
Data: 14 novembre 2010, 19:25:31 + 0200
De: Maria <marieta@mail.com>
Per a: Joan <joanitu@mail.com>

Joan,

He baixat tots els paquets de l'altell. I he fet més paquets amb el que hi havia als armaris.

Ara a l'altell hi ha la caixa de la feina. R.M.P. I la bossa d'esport.

I els meus armaris són buits.

Com la meva ànima

No sé de què els ompliré però tinc temps, molt de temps, per pensar-hi.

He trucat un taxi i he baixat tots els paquets.

Quan hem entrat a la Llar d'avis, la zeladora ha avisat l'encarregada. M'han vist tan decidida i amb una cara tan seriosa, que, si tenien pensat algun discurset d'agraïment, no els ha sortit ni una paraula dels llavis.

Ho he deixat tot i ni tant sols he mirat enrere.

Allà queda una part de la meva vida. I passo pàgina.

Després, amb el mateix taxi, he anat al cementiri. He llogat un columbari i hi portaré les cendres del Ramon. M'han demanat si volia posar alguna llegenda i els he dit que només les seves inicials: R.M.P.

Res més.

Quan he sortit del cementiri, li he demanat al taxista que em deixés sola, a dins, uns minuts. Volia plorar i volia fer-ho sola.

Pobre home, ha estat molt amable, m'ha donat un paquet de mocadors.

Quan n'he tingut prou li he demanat que em portés a casa però m'he aturat a la perruqueria.

He demanat a la perruquera que em tallés els cabells i he tingut la sensació que s'ha fet un silenci sepulcral...

Segurament només m'ho ha semblat a mi.

M'ha preguntat com ho volia i li he dit: "Curt, molt curt"

No ha dit res i ha començat a tallar.

Queien alhora blens de cabells i llàgrimes, però ho havia de fer.

Amb això, ja he plorat tot el que havia de plorar.

Ara ja només toca aprendre a riure. I suposo que no serà fàcil.

No ho sé. Tot això és nou, tot...

Aquest hivern passaré fred al clatell però serà una cosa nova. I necessito coses noves.

Quan he sortit de la perruqueria m'ha donat un cop d'aire fresc a la cara i he notat el fred al clatell.

És curiós...

Ja no recordava quan havia estat la darrera vegada que havia fet una cosa tan "salvatge" com el que he fet avui: tallar-me els cabells.

I m'ha estat bé.

Aire fresc. És el que necessito.

Fa uns dies et deia que no sabia què em quedava, que no em quedava res.

I m'equivocava.

Em quedo jo mateixa. I això hauria de ser prou.

Tinc molts plans de futur Joan.

Te'ls vull explicar. Quan ens veurem...

He viscut molt bons anys. Ara vull viure bé la resta de vida que em queda.

Com toca.

Demà sortiré amb gent de la feina.

M'han convidat a anar a un musical i he acceptat.

Però tu i jo seguirem quedant els divendres per anar al cinema, oi?

Fins aviat.

Maria

Sobre l'autora:

Núria Salán Ballesteros va néixer a Barcelona, a la primavera de 1963 i als poquets dies la van portar a viure a Sant Boi de Llobregat, on ha viscut tota la seva vida. Fins fa uns anys, va viure al barri de la Muntanyeta, i allà va anar a escola i a "l'insti" (Institut Joaquim Rubió i Ors). Als 18 anys va començar els estudis universitaris de Ciències Químiques.

Acabada la llicenciatura i amb l'especialitat de Metal·lúrgia, comença la seva etapa d'investigadora i professora a la Universitat Politècnica de Catalunya (UPC), al Departament de Ciència dels Materials i Enginyeria Metal·lúrgica.

En tots els anys de vida professional, ha col·laborat amb diversos equips de professorat que li han donat guardons i reconeixements: premis de Qualitat Docent del Consell Social de la UPC els anys 2002, 2003, 2009 i 2010, distincions Vicens Vives de la Generalitat de Catalunya els anys 2009 i 2010, i Menció d'Honor de Ciència en Acció l'any 2010.

L'any 2000 va ser Secretària del "I Congreso Nacional de las Mujeres y la Ingeniería", a Terrassa. Ha col·laborat en totes les edicions del "Programa Dona" que la UPC ha realitzat i en activitats de promoció i apropament dels estudis tecnològics a les estudiants de secundària. Des de juny de 2011, és la Coordinadora del Programa de Gènere de la UPC, des del qual es dinamitza la implementació del II Pla d'Igualtat d'Oportunitats de la UPC.

En la seva vessant més social, ha estat sòcia fundadora de dues associacions: EQUILIBRI, Associació de Familiars i Amics de Malalts Mentals de Sant Boi i ASAMMET, Associació d'Amics de la Metal·lúrgia, de la qual en regeix la secretaria.

Actualment és la secretària de l'Associació de Karate Santboiana Shotokan, de la Junta de la Societat Catalana de Tecnologia i tresorera de la Junta de "Ciencia en Acción".També pertany al Consell Municipal de les Dones de Sant Boi i participa activament en comissions de treball del Consell de les Dones del Baix Llobregat.

L'escriptor santboià Amadeu Alemany ha recollit l'essència de la Núria Salán a *Gegants (amb denominació d'origen santboiana)*, llibre de trobades, on comparteix protagonisme amb en Marc Gasol, Juan Carlos Perez Rojo, Manel Esteller, Dolo Beltran i Albert Malo, entre d'altres.

La seva part literària desperta ara ja fa uns anys, donant els primers fruits l'any 2011 que va guanyar el primer premi del Concurs de Relats Breus de Sant Joan Despí amb el relat breu *El Curs de Gestió de l'Estrès*. Ha traduït *Des de la meva realitat*, una novel·la de l'escriptor santboià, Joan Massip, i ha col·laborat en la redacció i revisió de text del llibre del periodista santboià Guillem Gómez Marco, *Francesc Calvet, El pagès que va triomfar al Barça*.

Amb la novel·la *Quedem divendres?* comença una nova etapa d'escriptura, fora de l'àmbit científic-tecnològic.

www.ingramcontent.com/pod-product-compliance
Lightning Source LLC
Chambersburg PA
CBHW070854050426
42453CB00012B/2194